誰のための憲法改「正」?

自民党草案を読み込むワクワク出前講座

馬場利子

はじめまして

こんにちは。静岡からまいりました馬場利子と申します。

これから、『誰のための憲法改「正」？』と題した出前講座を始めたいと思います。現在の「日本国憲法」の大切なポイントをお話ししながら、自民党の「日本国憲法改正草案」ではそれがどうなっているか、皆さんと一緒に読み解いていきたいと思います。

この「日本国憲法改正草案」は二〇一二年に発表されたものです。二〇一五年九月に安全保障関連法（安保法）が可決されて、いよいよ安倍政権は改憲への意欲をあらわに動き出しました。

憲法を改正するためには、さまざまな手続きがあり、最終的に国民投票で決められます。今のうちに、日本国憲法とこの自民党草案についての知識を、私はぜひ皆さんと共有しておきたいと思います。

本題に入る前に、この出前講座を始めたいきさつを、自己紹介を兼ねてお話しさせてください。

私は〝健やかな命を未来へ〟をキーワードに、子どもの健康と暮らしに関する講座や生活の提案を地域の仲間と一緒に続けています。具体的には、安全な食べ物の共同購入や、環境ホルモンの疑いがある生活用品を買わない・使わない提案など、「一人一人が生活を選択して〝我が家の暮らし〟を決定することができる」ということの実践から始まりました。確かな情報を知ること

で、値段やコマーシャル情報だけでものを選ぶ暮らしから、家族の健康に好ましいかどうか、環境への影響はどうかといったことを考えて選ぶ暮らしに変えていくことができます。そのための「場」や「チャンス」をつくり、また、多くの人と一緒に、自分たちが望む食べ物や生活用品をつくってきました。

選ぶ視点を知ると、暮らし方が少しずつ変化していく楽しさを実感するだけでなく、同時に、安全で安心な暮らしは決して「我が家だけ」では実現できないことに気づきます。

「大事なことは先に気づいた人がやらなければね」とは、先輩から伝えられた、私の指針になっている言葉です。仲間と知識を共有し、大切なことならば自ら動いて実現し、それを社会へ広げていくために行政への働きかけをして約三十年。少しずつ行政も変わってきたという手応えを感じ、若い人たちとも気持ちのつながりができてきたと思えるようになっていました。

その矢先の二〇一一年三月一一日、東日本大震災が起こりました。続く東京電力福島第一原発事故。私たち静岡県民は、確実に起こるといわれている東海大地震の予想震源地の真上に浜岡原発を抱えています。まさに他人事ではありません。

私のこれまでの活動の一つに、一九八八年に市民有志で開設した「浜松放射能汚染測定室」があります。一九八六年四月二六日に起こったチェルノブイリ原発事故によって、日本の食卓にも「死の灰（放射能）」がもたらされたことを知り、自分たちの手で測定しようと呼びかけ、市民のカンパによって実現したのです。この測定室は二〇〇〇年以降は休止していましたが、福島原発事故を受けて二〇一一年六月一一日に「静岡放射能汚染測定室」として再開し、〝市民が自ら知ることと、伝えること〟を担ってきました。

チェルノブイリ原発事故の頃に比べて、今はインターネットや本などで、放射能汚染の状況や放射能がどのような影響を及ぼすか等、簡単に情報を得ることができます。政府の発表やマスコミ報道がどれだけあてにならないか、多くの人が気づいているはずです。

けれど、放射能汚染から国民を守るべき政府が、放射線量許容量の基準値をそれまでの年間一ミリシーベルトから二〇ミリシーベルトにまで引き上げました。政府自身が放射能の安全神話を創り出すという信じがたい現実を前に、混沌とした気持ちを抱えながら日々が過ぎていきました。


そんな時、知人から「日本国憲法改正草案」のコピーが送られてきました。表紙には「日本国憲法改正草案（現行憲法対照）」の題字、その横に「自由民主党　平成二四年四月二七日（決定）」と書かれています。そして巻末には、「憲法改正推進本部」の役員と起草委員会のメンバーの名前も記されています。

以前から、自民党は憲法を改正して軍隊を持てる国にしようとしているという噂は聞いていましたが、内心〝そんなことまではしないだろう〟と、私はこれまでやり過ごしていました。しかし、知人からのメモには「改正案として党内決議がなされ、すでに自民党がＨＰで公開している」とあります。

急いでページを開きました。そして驚きと不安で、いてもたってもいられなくなりました。

自民党はいったい、今の憲法の何が不都合なのだろう？　平和に暮らすこと？　誰もが大切にされること？　個人の権利が保障されていること？　私たちの代表を私たちが選べること？　全世界に平和が実現するように努力すると誓っていること？

どれもが、私たちの暮らしを守るものです。それを改正して、どんな国にしたいのでしょう。改正草案に黄色のマーカーを入れる手が震えました。自民党は本気なのだろうか？

生来、楽天的な私は危機感を持つことはまれですが、〝伝えなくては！〟という想いが日増しに大きくなっていきました。憲法改正が国会で発議された時では、もう遅い…。平和であることが当たり前になってしまった今の暮らしの中で、もう一度、平和憲法に想いを寄せて、自分たちの意志で憲法の意味をとらえなおそう。そして、自民党がどこを、どう変えようとしているのか、できるだけ多くの人と知識を共有しておかなければ…。焦りました。

そこで、つながりのあるグループから、放射能や電磁波など暮らしのテーマで学習会や講演の依頼があるたびに、「憲法の話をさせてもらってはいけないですか？　誰でもわかるように資料を持っていきますから」と無理なお願いをして、二〇一二年七月から毎月のように日本国憲法と自民党の憲法改正草案（以下、自民党草案）を読み解く出前講座をやらせてもらうようになりました。

そして今では、この講座を聞いてくださった若いママさんたちが、自分の地域で憲法の学習会を始めてくださったり、若手弁護士さんたちがグループをつくって「憲法カフェ」を開催されたりと、あちこちで憲法を学ぶ輪が広がってきています。

しかし、政治の流れは急展開、激流といってもよい状態に変わりました。

二〇一二年一二月の衆議院選挙では自民党が圧勝して、民主党からの政権交代がおこなわれました。翌二〇一三年一二月に自民党は特定秘密保護法を成立させ、二〇一四年七月には集団的自衛権を容認する憲法解釈変更を閣議決定、二〇一五年九月には安保法成立。次は何でしょうか？

自民党にとって、国会の多数派になっている間は憲法改正の絶好のチャンスといえます。

激流の中、あきらめて流され溺れてしまわないためには、自分で漕ぎ出すしかありません。なぜなら、未来の社会は、私たち主権者の希望を形にすることで生まれるからです。私たちが意志を示さなければ、現在、決定する地位にいる人びとの意志で未来が決まってしまいます。

「小さな力だから何もできない」のではありません。「何もしないから、何も実現できない」のです。行動というのは、デモに参加したり、グループで何かをすることだけではありません。どんなに忙しくても、大切なことを自分で知る機会をつくって考えるだけでも、充分に未来を選択することができます。

大切なことは、「自分で考え・判断して選択する」ことです。そのための情報を皆さんと共有できたらと願って、今日は自民党が実行しようとしている憲法改正について、具体的なお話をさせていただきます。

あなたはどんな社会に暮らしたいですか？　自民党の憲法改正草案を通して、逆にそれがはっきりと見えてくると思います。

1 憲法を守るべき人は誰？

●憲法は国家権力に歯止めをかけるためにある

「憲法」って、そもそも何でしょう？　憲法とは、ひとことで言えば、「国のあり方」を決めている、もっとも基本となる法です。

では、クイズです。「日本国憲法」において、この憲法を守る義務があるのは、次のうち誰でしょう？

1　天皇または摂政（天皇の代理者）
2　国会議員など公務員
3　国民

答えは1番と2番、天皇または摂政と国会議員など公務員です。

日本国憲法の第九九条を見てみましょう。

日本国憲法　第十章　最高法規

第九十九条　天皇又は摂政及び国務大臣、国会議員、裁判官その他の公務員は、この憲法を尊重し擁護する義務を負ふ。

私たちは、憲法を守るべき人について、社会科の授業でこう習ってきました。「日本国憲法は、政府によって国民を抑圧したり、二度と戦争の惨禍に国民を巻き込むことがないように、権力に歯止めをかけているのです。為政者は憲法を守る義務を負い、憲法で禁止していることをおこなうことはできません」

●国民に憲法を守らせようとする自民党草案

ところが、これに対して自民党草案はどう言っているか、第百二条を見てください。

自民党草案　第十章　最高法規

第百二条（憲法尊重擁護義務）全て国民は、この憲法を尊重しなければならない。

2　国会議員、国務大臣、裁判官その他の公務員は、この憲法を擁護する義務を負う。

文章として読めば、「国民は、この憲法を尊重しなければならない」というのは、国民であれば当たり前のことのように思えますが、自民党が新しく憲法の条文として盛り込もうとしている内容を見ていくと、自民党が「国民に義務を課したい」意図・内容がわかってきます。

現憲法は、私たちの自由や平和など個人としての権利を尊重しています。そのことが消し去られないように、自民党が憲法を改正してどんな国にしたいのか、しっかりと読み進みたいと思います。

改正草案のこの条文で、もう一点気になるところがあります。憲法を守るべき人として日本国憲法に記載されている人びとから「天皇又は摂政」が除かれていることです。

あとでお話ししますが、自民党案では、天皇は「象徴」ではなく「元首」であると規定しています。国家元首としての天皇が、憲法を守る義務がないということは、何を意味するのでしょうか？

２　憲法前文がこんなに変わる！

●「平和への誓い」が消えた！

今の日本国憲法を守らなければいけないのは国民ではなく国家のほうだ、ということを確認したところで、この章では、日本国憲法の中で私のもっとも好きな「前文」について、自民党草案がどう変えようとしているかを見ていきたいと思います。

皆さんは、法律の専門家は別として、学校を卒業した後に憲法を読みなおしたり、憲法の目指している内容について考えたりしたことはありましたか？

私は、憲法九条の戦争放棄くらいは耳にしていましたが、実は五十歳を過ぎるまで、特に読みなおしたことはありませんでした。しかし、長く市民活動を続ける中で、地域で税金を使っておこなわれる社会政策が、私たちの願う環境政策と大きく食い違っていること（静岡県では東海大地震の予想震源地の真上で、老朽化した浜岡原発が二〇一一年五月まで動いていました）や、行政が決めたことを覆すことの難しさ（ゴミ処理場の増設や空港建設など）を痛感しました。どうしたら、市民の意見が政策立案に反映されるのか、その方法を見つけたいと思って、私は未知の学問である法律を学ぶために大学の法学部に入学しなおし、そこで、必須科目である憲法を学ぶ機会を得ました。

憲法の根底に流れる「基本的人権の尊重」の思想や「平和主義」、権利としての「国民主権」の考え方に圧倒され、市民として活動する意味を再認識させられました。そして、平和への不断の努力を誓った憲法に勇気を得て、憲法が大好きになり、無事法学部も卒業しました（笑）。

私の大好きな憲法前文は、こう始まります。

日本国憲法 前文（第1段落）

日本国民は、正当に選挙された国会における代表者を通じて行動し、われらとわれらの子孫のために、諸国民との協和による成果と、わが国全土にわたつて自由のもたらす恵沢を確保し、政府の行為によつて再び戦争の惨禍が起ることのないやうにすることを決意し、ここに主権が国民に存することを宣言し、この憲法を確定する。

この一文を読むだけでも、日本国憲法は「政府の行為によって再び戦争の惨禍が起こることのないようにする」と決意した「平和への誓い」であることがわかります。

ところが、この決意が、自民党草案前文ではすっかり消され、こんな言葉になっています。

自民党草案　前文（第2段落）

我が国は、先の大戦による荒廃や幾多の大災害を乗り越えて発展し、今や国際社会において重要な地位を占めており、平和主義の下、諸外国との友好関係を増進し、世界の平和と繁栄に貢献する。

「国際社会において重要な地位を占めている」と自画自賛しているこの自民党草案前文の部分は、少しも心に響いてきません。その理由はなんでしょう？

それは、日本国民が強いられた過去の戦争の歴史に触れず、あえて戦後の経済成長だけを書くことで、戦争から今に至る国民の暮らしや心情を排除しているからだと思います。

日本国憲法前文の「平和への誓い」を読む時、私たちは日本政府がかつて「富国強兵」を掲げ、陸海空軍の武力を行使して大陸に進出したこと、そして一九四五年まで続いた理不尽で、苦渋の日々を思い起こします。一九四一年一二月八日の真珠湾攻撃によって開戦した太平洋戦争でいのちを落とした人は三二〇万人ともいわれ、兵士だけでなく、多くの国民が戦火の中、逃げまどいました。肉親を亡くした人、焼失した街や破壊された暮らしを経験した人たちから、私たちは直接、見聞きしてきました。〝もし、私だったら〟〝もし、その時代に生まれていたら…〟と、今でも心がつぶれるような苦しさを感じるのは、皆さんも同じだと思います。

憲法の前文は、戦争で傷つき、倒れた人びとの平和への悲願が結実したものであるからこそ、心に届くのだと思います。

日本が起こした戦争は、国民を苦しめただけではなく、日本が侵略した国々の人びとにも、大きな痛みと悲哀を与えたことを、私はしっかりと受け止めたいと思います。そして、戦争はいったん起こしてしまえば、人の誠意や願いでは止められないということを忘れてはならないと思います。憲法前文は、被害を与えた国の人びとに対しても、決して再び戦争を起こさない国となることを、日本の決意として表明したのです。

●前文の大切な部分が、なぜ改正草案では消されたのか？

私たち子孫に永劫の平和を約束している大切な部分が、改正草案ではすっかり消されたのはなぜでしょうか？「政府の行為によって再び戦争の惨禍が起こることのないようにする」ことを、決意したくないのでしょうか？

「理想主義で平和はつくれない」という人もいます。

しかし、武力で平和がつくれるのなら、とっくに戦争はなくなっているはずです。

仮想敵国をつくって、あたかも「すぐに公海を侵略し、領土を侵害してくる国がある」かのように言いつのる政治家がいますが、彼ら自身が、隙あらば力で他国をねじ伏せようと考えているから、他国もそうにちがいない、と思うのかもしれません。かりそめにも「平和を愛する諸国民の公正と信義」を信頼して国の安全を考えることができないから、草案では削除したのでしょうか？

「戦争も外交手段だ」と言った政治家もいましたが、日本はそんな外交手段は放棄し、平和的に解決する道を選択したのです。

戦争は、決して私たち市民（主権者）が一人で起こすことはできません。常に政府（為政者）が戦争を選択します。その行為を憲法は、「許さない」とするのです。

現憲法前文は、重ねて平和への決意をこう記しています。

日本国憲法　前文（第2段落）

日本国民は、恒久の平和を念願し、人間相互の関係を支配する崇高な理想を深く自覚するのであつて、平和を愛する諸国民の公正と信義に信頼して、われらの安全と生存を保持しようと決意した。

私たち母親（父親、祖父母、人を愛する人たち）は、子どもたちにこんなふうに言えたら素敵ではありませんか？

「日本は国と国の問題を武力で解決しないって、憲法で誓っている国なんだよ。平和外交の模範を実行しているの。他の国も平和を願っていると信頼しているから、ね」と。

私は誇らしく、日本をそう語りたいと思います。

●現憲法はアメリカから押し付けられたもの？

現憲法はアメリカから押し付けられたもので、日本が独自につくったものではない、と言う人たちがいます。そうでしょうか？

私は静岡に暮らしていますので、一九四五年当時、静岡大学で教鞭をとっておられた鈴木安蔵氏らによる「憲法研究会」が一九四五年一二月二六日に「憲法草案要綱」を発表し、ＧＨＱの憲法案作成に大きな影響を与えたことを伝え聞いて知っています。現憲法とこの要綱には多くの共通部分があり、この史実を描いた映画『日本の青空』は全国で上映され、静岡県内では、当時の鈴木教授の教え子や、静岡大学関係者の尽力で、何千人もの人びとが観ています。そうした生きた歴史の証言者の存在を封じ込めてしまう言動は、単に史実に無知なのか、何か意図があるのかよくわかりません。

仮に、一〇〇歩譲って、アメリカが押し付けた憲法だとしても、「平和への誓いと祈り」を込めて国の理想を書き込んだ憲法は、私たちへの贈り物にさえ思えます。日本の侵略と暴力（戦争）の道具として使われ、心を潰して戦火を生き、あるいは亡くなった何百万もの人たちの祈りが、憲法前文に現れたものに思えるからです。

●自民党が目指す国とは?

少しばかり前文について熱く語りすぎではありますが、憲法の精神が結実している前文が好きでたまらない私をお許しいただいて、憲法の前文の三つ目の決意を読んでみます。この部分も自民党の改正草案では、すべて削除されています。

日本国憲法　前文（第2～4段落）

われらは、平和を維持し、専制と隷従、圧迫と偏狭を地上から永遠に除去しようと努めてゐる国際社会において、名誉ある地位を占めたいと思ふ。われらは、全世界の国民が、ひとしく恐怖と欠乏から免かれ、平和のうちに生存する権利を有することを確認する。

われらは、いづれの国家も、自国のことのみに専念して他国を無視してはならないのであつて、政治道徳の法則は、普遍的なものであり、この法則に従ふことは、自国の主権を維持し、他国と対等関係に立たうとする各国の責務であると信ずる。

日本国民は、国家の名誉にかけ、全力をあげてこの崇高な理想と目的を達成することを誓ふ。

これに対して、改正草案の前文はこう締めくくられています。

自民党草案 前文（第４～５段落）

我々は、自由と規律を重んじ、美しい国土と自然環境を守りつつ、教育や科学技術を振興し、活力ある経済活動を通じて国を成長させる。

日本国民は、良き伝統と我々の国家を末永く子孫に継承するため、ここに、この憲法を制定する。

現憲法が、全世界が平和に生存する権利をうたい、全力をあげて国の理想を達成することを誓っているのに対し、自民党は「活力ある経済活動を通じて国を成長させる」ことをうたっています。国家の最高法規というより、まるで、企業訓のように見えませんか？　経済の発展こそ、最も大切な政治の目的、と繰り返し主張している現自民党党首の考えがよく現れていると思います。そして、彼らの目指すものは、「良き伝統」（何を良いとしているのかわかりませんが）と「我々の国家」を子孫に継承することだと言っています。これが自民党の考える憲法の目的だということがよくわかりますね。

ＥＵ（欧州連合）は、国の枠組みで政治や経済を考えるところに侵略や戦争の火種が起こることを、世界大戦の経験から深く学び、そのようなことを繰り返さないように、国境を越えた政治・経済圏を考え、実現しようとしています。自民党草案はそれとまったく反対の考え方のように感じられます。本当に、自民党の若い国会議員さんたちも、この自民党草案に賛成しているのか、正直なところ、疑っています。

「国」とはいったい何でしょう。

世界は多様性を理解し、平和に共存できる社会を模索しています。反面、国粋的な考えの人や政治家がいることも事実です。けれど、私たちは、日本がどのような国として国際的な役割を果たしていくのか、選択していくことができます。

国籍や人種が異なる人への偏見や差別、敵対行為をまだ続けていくのか、平和な心を自分自身の中に見出していくのか、自民党の改正草案を前に、平和を考えるチャンスをもらっている気がします。皆さんはどんな国に住みたいですか?

3 戦争放棄と安全保障、何が違うの?

●九条は理想論?

「憲法九条にノーベル平和賞を」というアクションがありますね。共感している人は少なくないと思います。「そうだよね! 世界中の国が戦争はしたくない、しない!と決めたら戦争は起こせないものね!」とすぐに賛成するのは、おおむね若い母親たちです。

日本国憲法第九条にはこうあります。私たちがよく知っている戦争を放棄した条文です。

日本国憲法　第二章　戦争放棄

第九条　日本国民は、正義と秩序を基調とする国際平和を誠実に希求し、国権の発動たる戦争と、武力による威嚇又は武力の行使は、国際紛争を解決する手段としては、永久にこれを放棄する。

2　前項の目的を達するため、陸海空軍その他の戦力は、これを保持しない。国の交戦権は、これを認めない。

よく「憲法九条は理想論で、他国が侵略してきた時に防衛できないのは独立国とはいえない」という意見を聞きます。それは、「戦争」と「他国の侵略行為に対する防衛」を混同した意見です。国際法では、防衛のための武力行使を戦争とはいいません。

相手国に対して、宣戦布告をして武力行使をおこなう行為が戦争であり、その手続きを取らない武力による侵略行為は、国際法上、戦勝国としてその権利を主張することも許されていません。と同様に、他国の侵略行為に対しておこなう防衛を「戦争」とは規定しません。

もし他国が日本の国土を侵略し、その戦力で日本国民を傷つける行為をおこなったとしたら、日本は防衛する権利を国際法上、当然のことですが、持っています。

そして実際に、防衛する能力もすでに十二分に持っているのです。現在、自衛隊が保有している防衛力は、機器、人員、予算共に、世界の中でも決して小さいものではありません。直接的な自衛隊関連の予算額だけでも、二〇一四年の調査で、アメリカ・中国・ロシア・フランス・イギリスなどに続いて世界九位です（参考：ガベージニュース「主要国の軍事費をグラフ化してみる

（2015年）（最新）」http://www.garbagenews.net/archives/2258794.html）。

国の交戦権とは、相手国に宣戦布告をおこない、国の意志で戦争を開始することを意味しています。かつての日本がおこなった「自国が仕掛ける戦争」です。これを憲法九条は放棄しているというのが、今までの日本政府の考え方でした。

●自衛権の発動を明文化したい自民党

ところが自民党草案では、まず章見出しからして「戦争放棄」が「安全保障」に変わっています。安全保障には、「他国からの防衛」という意味合いがあります。「戦争放棄」をやめてこの言葉に置き換えられたのはなぜなのでしょうか？　条文を読んでみましょう。

自民党草案　第二章　安全保障

第九条（平和主義）　日本国民は、正義と秩序を基調とする国際平和を誠実に希求し、国権の発動としての戦争を放棄し、武力による威嚇及び武力行使は、国際紛争を解決する手段としては用いない。

2　前項の規定は、自衛権の発動を妨げるものではない。

最初の項は大きくは変わっていませんが、武力行使については、国際紛争解決の手段としては「永久に放棄する」というきっぱりした宣言から、「用いない」というあっさりした表現になっているのが引っかかります。

問題は第2項です。「戦力の不保持」「国の交戦権は認めない」という部分が削除され、自衛権は発動できることをわざわざ断っています。

現憲法のもとで、自衛隊は合憲か違憲か、論じられることがありますが、存在の是非論は少し置いておいて、その戦力を他国に向けたことはこれまでありません。実際、歴代の内閣が、日本国憲法は「個別的自衛権（自国が攻撃された時には反撃できる）」は認めるが、「集団的自衛権（同盟国が攻撃された時には共に反撃できる）」は認めないと解釈してきました。

ところが、自民党安倍内閣は「日本国憲法は『集団的自衛権』を認める」という解釈変更を閣議決定したのです（二〇一四年七月一日）。のちに、この時の検討経緯を記録した公文書が残されていないことがわかり、問題になっています。

自民党が改憲草案で「戦争の放棄」という章をなくし、さらに「戦力の不保持」「国の交戦権は認めない」という部分を削除した理由は、草案の次の条項をご覧いただければ、もっとよくわかります。

④ 国防軍がつくられる！

●国防軍って何？

さらに自民党草案では、第九条の中に「国防軍」という項目が新たに書き加えられています。

自民党草案　第二章　安全保障
第九条の二（国防軍）　我が国の平和と独立並びに国及び国民の安全を確保するため、内閣総理大臣を最高指揮官とする国防軍を保持する。
2　国防軍は、前項の規定する任務を遂行する際は、法律の定めるところにより、国会の承認その他の統制に服する。

「国防軍」って何でしょうか？　「軍」というからには、戦争をするための軍隊ですよね。前の章で言いましたように、現在の自衛隊もすでに充分な武力を持っていますが、これが憲法違反ではないかという意見がこれまでずっとありました。だから、この際「軍隊」という位置づけに変えてしまおうというのが、自民党のねらいです。

けれど、この条項では、国防軍が具体的にどういうことをするのか、見えてきません。「法律の定めるところにより」とあるので、いざとなったら法律でどうにでも決められるということでしょうか？　「国会の承認その他の統制に服する」については、先の安保法の成立過程を見ても、国会で与党が数の力で押し切った実績がありますし、「その他の統制」というのが何を意味するのかも気になりますね。

要するに、自民党は、その時の情勢によって政府が武力行使の内容を決められるように、憲法を変えてしまいたい、ということなのだと思います。

続けて第3項、第4項も見ておきましょう。

自民党草案　第二章　安全保障　第九条の二（国防軍）

3　国防軍は、第一項に規定する任務を遂行するための活動のほか、法律の定めるところにより、国際社会の平和と安全を確保するために国際的に協調して行われる活動及び公の秩序を維持し、又は国民の生命若しくは自由を守るための活動を行うことができる。
4　前二項に定めるもののほか、国防軍の組織、統制及び機密の保持に関する事項は、法律で定める。

国防軍の目的を、さらに「国際社会の平和と安全を確保するため」「公の秩序を維持し、又は国民の生命若しくは自由を守るため」としながら、やはり実際の活動の内容は法律次第、何を、どこまでおこなえるのかもわかりません。

そして第5項では、国防軍のための「審判所」を置くとされています。

自民党草案　第二章　安全保障　第九条の二（国防軍）

5　国防軍に属する軍人その他の公務員がその職務の実施に伴う罪又は国防軍の機密に関する罪を犯した場合の裁判を行うため、法律の定めるところにより、国防軍に審判所を置く。この場合においては、被告人が裁判所へ上訴する権利は、保障されなければならない。

審判所とは、いわゆる軍法会議のことです。自民党が作成した「日本国憲法改正草案Q＆A」に、ちゃんとそう書いてあります。たとえば、軍で戦闘命令が下り、敵国民を殺すことを命じられた兵士が「殺人は嫌だ」と言って実行しなかった場合、命令違反として厳しく罰せられるでしょう。平和な社会では、人が誰かに殺人を命じて実行されたら、殺人を命じた人も処罰されます。

つまり、現在ある裁判所では審理できないことが国防軍には起こる、ということが前提になっているわけです。戦争さえしなければ、決して必要のない機関です。この「Q＆A」には「裁判官や検察、弁護側も、主に軍人の中から選ばれることが想定される」と説明されています。裁判公開の原則も摘要されないのかもしれません。

●領土や資源の確保も国民の義務に

そして、「安全保障」の章を自民党案はこう結んでいます。

自民党草案 第二章　安全保障

第九条の三（領土等の保全等）　国は、主権として独立を守るため、国民と協力して、領土、領海及び領空を保全し、その資源を確保しなければならない。

この条項がもし承認されたら、領土を守り、資源を確保することに、国民も義務を負うことになります。今でもすでに、一般の市民の中にも、領土や資源の問題を重要視している方がいるだろうと思いますが、今の憲法で大きな不都合が起こっているのでしょうか？「国は国民と協力して」と書き込まれると、国民に何をさせようとしているのか、不安を感じます。

情緒的だ、国際政治を理解していない、と批判されるかもしれませんが、「国」と国民を守るためにどう戦うかと規定されるよりも、私は、「政府の行為によって再び戦争の惨禍が起ることのないようにすることを決意した」日本国憲法を守り、日本国憲法に守られたいと願います。

⑤ 天皇が「元首」になるとは？

●天皇が国家の代表に!?

憲法を「改正」して、自民党が何をしたいのか、だんだん見えてきましたね。

自民党草案では、天皇の地位も変更されています。

ご存じのように、日本国憲法では天皇は「日本国の象徴」です。念のため、条文を見ておきましょう。

日本国憲法　第一章　天皇

第一条　天皇は、日本国の象徴であり日本国民統合の象徴であつて、この地位は、主権の存する日本国民の総意に基く。

これに対して自民党草案では、天皇は象徴である前に「元首である」と書かれています。読んでみます。

自民党草案　第一章　天皇

第一条（天皇）　天皇は、日本国の元首であり、日本国及び日本国民統合の象徴であって、その地位は、主権の存する日本国民の総意に基づく。

元首とは、どういう地位をいうのでしょうか？　広辞苑にこうあります。「国家を代表する資格を持った国家機関。君主国では君主、共和国では大統領あるいは最高機関の長など」

元首が国家を代表する機関であるとすれば、それに添った権能（権限）が当然あるはずです。が、自民党案は続いて、天皇が象徴であることも付け加えています！　国家機関であり、象徴でもある天皇の地位、権能をどのように理解すればよいのか、よくわかりません。

そもそも自民党草案の「前文」は、「日本国は、長い歴史と固有の文化を持ち、国民統合の象徴である天皇を戴く国家であって」というフレーズで始まっています。「天皇を戴く国家」って、どういう意味だと思いますか？　さすがに「天皇陛下、万歳！」と言わせたいのだとは思いませんが、自民党は明らかに天皇を国家のトップにして、国の形を変えたいと考えているようです。

●天皇の役割に歯止めがかからない

日本国憲法では、天皇に「できること」と「できないこと」を定めています。「できること」は「この憲法の定める国事に関する行為のみ」（第四条）で、「できないこと」として「国政に関する権能を有しない」（第四条）としています。

自民党草案では、この条文の「国事に関する行為のみ」の「のみ」が削除されました。そして、国事をおこなう際には、日本国憲法では「内閣の助言と承認を必要とし」（第三条）となっていますが、自民党草案ではこれが「内閣の進言を必要とし」（第六条4項）に変わっています。「承認」は不要になるのですね。しかも、新たに次のような条項が付け加えられて、その「進言」すら必要としない、国事以外の「公的な行為」を、天皇はおこなうことができるようになります。

自民党草案　第一章　天皇

第六条（天皇の国事行為等）５　第一項及び第二項に掲げるもののほか、天皇は、国又は地方自治体その他の公共団体が主催する式典への出席その他の公的な行為を行う。

国、地方自治体その他の公共団体が主催する式典には、どんなものがあって、いったい全国で日々どれだけおこなわれているのかわかりませんが、それに加えて、「その他の公的な行為」も、天皇はおこなえることになります。

すでにお話ししましたように、自民党草案では「憲法を守る義務がある人」から天皇がはずされていますから（第百二条）、「天皇」の名前でおこなわれることには歯止めがかけられない、ということになるのではないでしょうか？

●国旗、国歌の尊重を憲法で義務づけ

この「天皇」の章の中に、自民党草案は新しく国旗と国歌についての条文も加えています。

自民党草案　第一章　天皇

第三条（国旗及び国歌）　国旗は日章旗とし、国歌は君が代とする。

２　日本国民は、国旗及び国歌を尊重しなければならない。

歌としての『君が代』はおごそかで、落ち着いた旋律で、式典で流れることに個人的には違和感を持ったことはありません。

しかし、かつて明治期に『君が代』が国歌として用いられるようになってから太平洋戦争敗戦までの時代、『君が代』の「君」は文字通り天皇を指しました。「お国のため＝天皇のため」に命を奪われた人びと、日章旗を胸に縫い付けて命を落とした人びと、その家族の気持ちを思うと、時代は変わっても「日の丸」「君が代」を強制することなど、とてもできないと思います。

あえて憲法で定めなくても、すでに一九九九年に公布された「国旗国歌法」に「国旗は日章旗、国歌は君が代」と定められていますし、慣習的に世界大会や国際交流の場では日章旗、『君が代』が受け入れられ、尊重されています。

自民党が憲法に書き込みたいのは「尊重しなければならない」の一文なのでしょう。教育の場などで国歌斉唱や国旗掲揚に抵抗すると、憲法違反になるのですから。

6 基本的人権はどうなるの？

●基本的人権は私たちの永久の権利

日本国憲法には、三つの「基本原理」（根本規範）があります。中学校の社会科の復習になりますが、覚えていらっしゃいますか？　とても感動するこの原理は、

①国民主権（民主主義）　②基本的人権尊重主義　③平和主義　でしたね。

その中でも、基本的人権については、憲法の中のあちこちに出てきます。私が特に読むたびに日本国憲法を好きになるのが、第十一条です。読んでみます。

日本国憲法　第三章　国民の権利及び義務
第十一条　国民は、すべての基本的人権の享有を妨げられない。この憲法が国民に保障する基本的人権は、侵すことのできない永久の権利として、現在及び将来の国民に与へられる。

「侵すことのできない永久の権利」というのは、人が生まれながらに持っている権利で、この権利は国（為政者）によって与えられたり、奪われたりするものではない、ということです。

基本的人権尊重主義は、自由主義と平等主義とからなっているといわれます。が、この自由主義は、国の恣意的な行使によって、個人の人権が抑圧されることのないように、統治権力が一つの機関に集中しないように憲法の中で設計され（三権分立や地方自治）、個人が国によって虐げられることのないように守られています。

●戦争は人権の抑圧

個人の人権が国家によって抑圧される最大のものは、戦争だと思います。

かつての大日本帝国憲法のもとでは徴兵制があり、多くの人びとが戦争参加を、人を殺すことを強要されました。戦争で人を殺すことは、なぜ罪に問われないのでしょうか？　これは私の解釈ですが、戦争で人を殺すのは、個人としてではなく、戦争の道具となっているのだから、個人の罪に問われないのだろうと思います。

哲学の命題として、「なぜ、人を道具として使ってはいけないか」という問いがあります。戦争は人を殺す道具として人を使います。戦争は決して「人に命じてはいけないこと」を命令されるのです。すべての我が子らには、人を殺せと命ずることも、命じられることもさせない！

そして、基本的人権は、日本国民だけが持っている権利ではなく、どこの国の人であっても等しく、個人として持つ権利です。だからこそ日本国憲法は、戦争を放棄しているのだと思います。すべての人を大切に思う、日本国憲法が輝いて見えませんか？

●将来へは手渡したくない？

この条文が自民党草案ではどうなっているか、読んでみます。

自民党草案　第三章　国民の権利及び義務

第十一条（基本的人権の享有）国民は、全ての基本的人権を享有する。この憲法が国民に保障する基本的人権は、侵すことのできない永久の権利である。

日本国憲法にはあった「現在及び将来の国民に与えられる」という言葉が削られています。これは何を意味しているのでしょうか？

日本国憲法では重ねて基本的人権について、第九七条に次のように書いてあります。

日本国憲法　第十章　最高法規

第九十七条　この憲法が日本国民に保障する基本的人権は、人類の多年にわたる自由獲得の努力の成果であって、これらの権利は、過去幾多の試練に堪え、現在及び将来の国民に対し、侵すことのできない永久の権利として信託されたものである。

ここで気づくことは、「信託された」という言葉です。信託とは、誰かが誰かを信用して、委託することを意味しますが、では、この基本的人権を委託した人は誰でしょうか？

国語の問題のようになってきましたが、信託した人は、「過去幾多の試練に堪えた人びと」と読めないでしょうか？　信託された人は「現在及び将来の国民」です。私たちは、人類の長年にわたる自由獲得の努力の成果として、誰にも奪われない「基本的人権」を、過去の試練に堪えた人びとから託されたのだと、私には思えるのです。

この基本的人権についての条文は「最高法規」として、私たちに手渡されています。ところがこの九十七条が、自民党草案ではすべて削除されているのです。

基本的人権に関する崇高な約束について、第十一条は改変し、第九七条は消している、それは、現在及び将来の国民に対し、侵すことのできない永久の権利として信託したくない意思のあらわれと思えてなりません。

7 基本的人権と私たちの暮らし

●人権は暮らしに密接している

私たちはこの憲法に保障された「人権」について、日頃から意識して暮らしてきたでしょうか？

たとえば、日本国憲法第十三条の基本的人権についての条文には「生命、自由及び幸福追求に対する国民の権利」という言葉が出てきます。これを「幸福追求権」（人格権）といいます。生命、自由が保障されていることは、私たちが暮らすうえで、大きな安心になっています。では、「幸福」に対する権利とはどんな権利を指しているか、ご存じですか？

たとえば、プライバシーの権利、嫌煙権、環境権、日照権、健康権、公共政策について情報開示を請求するアクセス権、平和的生存権などです。これらは憲法十三条の「幸福追求権」を根拠とする新しい権利として、法律家や人権活動家が挙げているものです。どれも、私たちの暮らしに密接に関わっていることだと思います。

●「人格権」に基づいて原発の運転差し止めが認められた

福島原子力発電所の事故以来、原発事故の恐ろしさや放射能の危険性への不安から、原発への関心が高まっていますが、これまでの長い間に、全国ほとんどの原発で、安全性や環境への影響をめぐって、運転停止などを求める原発訴訟が起こされてきました。そのなかで二〇一四年五月二一日、福井地方裁判所において大飯原発3、4号機の運転差し止め請求が認められました。歴史的な判決です。

判決文はとても長いのですが、憲法に保障された「人格権」を高らかにうたっている所がありますので、そこだけ抜き出してご紹介します。

「ひとたび深刻な事故が起これば多くの人の生命、身体やその生活基盤に重大な被害を及ぼす事業に関わる組織には、その被害の大きさ、程度に応じた安全性と高度の信頼性が求められて然るべきである。このことは、当然の社会的要請であるとともに、生存を基礎とする人格権が公法、私法を問わず、すべての法分野において、最高の価値を持つとされている以上、本件訴訟においてもよって立つべき解釈上の指針である。

個人の生命、身体、精神及び生活に関する利益は、各人の人格に本質的なものであって、その総体が人格権であるということができる。人格権は憲法上の権利であり（13条、25条）、また人の生命を基礎とするものであるがゆえに、我が国の法制下においてはこれを超える価値を他に見出すことはできない」

（「大飯原発3、4号機運転差止請求事件判決要旨　理由1　はじめに」より）（傍線は引用者）

原告は「人格権」と「環境権」に基づいて訴えを起こしていました。判決の中では「環境権についての判断はしない」としつつも、判決理由の最後にこのように書いています。

「また、被告は、原子力発電所の稼動がCO_2排出削減に資するもので環境面で優れている旨主張するが、原子力発電所でひとたび深刻事故が起こった場合の環境汚染はすさまじいものであって、福島原発事故は我が国始まって以来最大の公害、環境汚染であることに照らすと、環境問題を原子力発電所の運転継続の根拠とすることは甚だしい筋違いである」

（「同9 被告のその余の主張について」より）

まさに、「環境権」に照らして裁判所が検討したことがわかります。

●権利と権利の衝突を調整する「公共の福祉」

この原子力発電所の運転差し止め判断は、裁判を起こさなければ、なかったことです。「憲法があれば、何もしなくても私たちは守られている」と考えるのは大きな間違いです。憲法は私たち一人一人に「不断の努力」を要求しています。このことも忘れてはならないと思います。

前の章で読んだ第十一条に続けて、現憲法第十二条に次のように書かれています。

日本国憲法 第三章 国民の権利及び義務

第十二条 この憲法が国民に保障する自由及び権利は、国民の不断の努力によつて、これを保持しなければならない。又、国民は、これを濫用してはならないのであつて、常に公共の福祉のためにこれを利用する責任を負ふ。

そして、この権利は「公共の福祉」に反しない限り最大に尊重されることが、第十三条に書かれています。

日本国憲法 第三章 国民の権利及び義務
第十三条 すべて国民は、個人として尊重される。生命、自由及び幸福追求に対する国民の権利については、公共の福祉に反しない限り、立法その他の国政の上で、最大の尊重を必要とする。

「権利」は、ともすると利害関係や対立を生むことがありますね。権利のぶつかり合いは、個人と個人、企業と個人、国と個人など、さまざまなレベルが考えられますが、ここで調整役となるのが「公共の福祉」という考え方です。これは、一部の人の利益ではなく、すべての人に最低限の幸福と安心した暮らしをもたらすものを優先するということです。

ところが、この「公共の福祉」という言葉が自民党草案ではどうなっているか、次の章で見てみましょう。

8 公益・公の秩序を優先する自民党草案

●「公益」「公の秩序」は意味するもの

自民党草案では、「公共の福祉」が、すべて「公益及び公の秩序」という言葉に変わっています。

草案の十二条と十三条を読んでみます。

自民党草案　第三章　国民の権利及び義務

第十二条（国民の責務）この憲法が国民に保障する自由及び権利は、国民の不断の努力により、保持されなければならない。国民は、これを濫用してはならず、自由及び権利には責任及び義務が伴うことを自覚し、常に公益及び公の秩序に反してはならない。

第十三条（人としての尊重等）生命、自由及び幸福追求に対する国民の権利については、公益及び公の秩序に反しない限り、立法その他国政の上で、最大限に尊重されなければならない。

「公益」「公の秩序」とは何でしょうか？
すべての人の利益を優先する「公共の福祉」とちがって、「公益及び公の秩序」には、国家の利益、国家が望む秩序がより優先されるようなニュアンスを感じます。
また、草案の第十二条には、「自由及び権利には責任及び義務が伴うことを自覚し」という言葉が追加されていますが、自由や権利に責任や義務が伴うことは一般常識であって、わざわざ憲法で「自覚」をうながすようなことではないと思います。国民の義務を強調したい自民党の思惑がストレートに現れていますね。

そしてなんと、自民党草案では他にも三か所、「公益」や「公の秩序」を守るために基本的人権を制限する条文が出てきます。自民党がどれほど「公益及び公の秩序」を大切だと考えているかが、よくわかります。その三か所とは次のとおりです。

自民党草案　第二章　安全保障
第九条の二（国防軍）３　国防軍は、第一項に規定する任務を遂行するための活動のほか、法律の定めるところにより、国際社会の平和と安全を確保するために国際的に協調して行われる活動及び公の秩序を維持し、又は国民の生命若しくは自由を守るための活動を行うことができる。

これは、「４国防軍がつくられる！」の章で見たとおり、自民党草案で新設された条文です。

自民党草案　第三章　国民の権利及び義務
第二十一条（表現の自由）　集会、結社及び言論、出版その他一切の表現の自由は、保障する。
２　前項の規定にかかわらず、公益及び公の秩序を害することを目的とした活動を行い、並びにそれを目的として結社をすることは、認められない。

現憲法の第二一条は「集会、結社及び言論、出版その他一切の表現の自由は、これを保障する」だけで、この第２項は自民党草案で新設されたものです。

自民党草案　第三章　国民の権利及び義務
第二十九条（財産権）　財産権は、保障する。
２　財産権の内容は、公益及び公の秩序に適合するように、法律で定める。この場合において、知的財産権については、国民の知的創造力の向上に資するように配慮しなければならない。

この「公益及び公の秩序に適合するように」の部分は、現憲法第二九条では「公共の福祉に適合するように」です。

どうでしょうか? 自民党草案は、繰り返し「公益、公の秩序に反してはならない」と、国民の自由を制限して、「公」を優先しています。どんなことが「公益」「公の秩序」なのかは、時の政権の意向次第ということになるのだと思います。

9 家族の義務を盛り込むのはなぜ?

●自民党草案は家族に「助け合い」を命じている

現憲法では「国民の権利及び義務」の章の中に、婚姻に関する条文(二四条)がありますが、自民党草案では、そこに新しく「家族・婚姻等に関する基本原則」として、次の条文を追加しています。

自民党草案 第三章 国民の権利及び義務

第二十四条（家族・婚姻等に関する基本原則）　家族は、社会の自然かつ基本的な単位として、尊重される。家族は、お互いに助け合わねばならない。

当たり前のことが書かれていると思われる方があるかもしれません。しかし「助け合わねばならない」というのは道徳上のことであり、憲法に書き記すようなことではないと思います。もし「家族は助け合わねばならない」と憲法に定められた場合に、どんなことが起こりうるかというと、国はその条文を根拠として、たとえば高齢の親を子が扶養する義務を制度化するなど、個別の法律をつくることができるのです。

●社会の中で助け合うしくみをつくってきた

地方行政の中では、社会保障や生活保護受給者数、介護に関わる財政負担の問題が議会でも取り上げられるようになって、久しくなります。高齢者介護を例にとって考えてみます。

もう、十五年以上前のことになりますが、こんなことがありました。友人はフルタイムで働く女性で、二人のお子さんもまだ、小学生と中学生でした。当時、他県で一人暮らしをしていた実母さんに軽い認知症状が現れるようになり、一人娘である友人は、火の始末など事故を案じて、介護付きの施設に入所を希望したのですが、入所待ちが何十人もあるということで、一年以上実母さんの住まいを往復して見守りを続けました。その間も症状は進み、実母さんを自宅に引き取り、同居を始めましたが、実母さんは住まいが変わったことや彼女の家族への気遣いで急激に症状が進み、昼夜逆転、徘徊も始まって、友人は介護のために仕事を辞めざるをえなくなりました。「自分の親だから、仕方がないと思う」と言いながらも、友人は、家事と介護を一人で背負うストレスからか、それまでの明るく前向きな人柄から、子どもの進路や行動一つ一つを気に病むようになり、家族の暮らしは大きく変わってしまいました。

まだ、介護保険制度が実施されていない頃のこと、高齢者の介護を社会全体で支え合うしくみがないために、この友人をはじめ多くの女性が「家族だから」という理由で、手助けを望めない時代がありました。女性が働くことや、高齢者や子どもが社会の中で大切にされ、社会のしくみとして支え合う制度は、私たちの先輩女子(「高齢社会をよくする女性の会」など多くの女性団体)が活動をした結果、社会福祉政策として出来上がったものです。

自民党草案の「家族はお互いに助け合わねばならない」という一文は、「親は家庭で介護すればいい」という、かつての男性たちの価値観を思わせます。介護したくてもできない状況の人にも、憲法の名のもとに義務を課せられるという、とても生きにくい世の中になるのではないでしょうか。

●生活保護はどうなる?

特に気になるのが、生活保護を受けざるをえない人を、家族、親族に扶養させようとしているのではないかという点です。現在でも、生活保護を受けようとすると、本人の親や兄弟に扶養する意志と能力があるかは確認されます。しかし、本人が成人であれば、親兄弟に扶養の義務が課せられることはありません。そして、現在の生活保護制度の中では、一時的な生活の困窮であれば、生活保護を受けながら就労支援も受けられますし、医療保険制度も支えてくれます。けれど、家族に相互扶助する義務が課せられれば、経済的に自立できない人は家族を頼るしかありません。頼るほうも頼られるほうも、どちらにとっても負担の大きなことだと思います。

現在の「生活保護法」は憲法二五条に基づいています。

日本国憲法　第三章　国民の権利及び義務

第二十五条　すべて国民は、健康で文化的な最低限度の生活を営む権利を有する。

2　国は、すべての生活部面について、社会福祉、社会保障及び公衆衛生の向上及び増進に努めなければならない。

この理念に基づいて国が個人を守り支える制度なのです。生活保護の対象には、障害を持って生まれた人や、障害を負って働けなくなった人も含みます。どんな時も個人の尊厳を重んじ、社会として支え、共に生きることを保障しているのが「基本的人権の尊重」であり、それを国民に約束しているのが日本国憲法なのです。私はこの憲法の思想を、心から誇りに思います。

10 「緊急事態」条項って必要なの？

●「緊急事態」条項とは？

自民党草案には、日本国憲法にはなかった「緊急事態」が第九章として、新しく書き加えられています。そして、現時点（二〇一六年一月）の自民党は憲法改正を、この「緊急事態」条項を新設することから始めようとしています。

条文を読んでみましょう。まず、緊急事態が宣言されるのはどんな時なのかが書かれています。

自民党草案 第九章 緊急事態
第九十八条（緊急事態の宣言）内閣総理大臣は、我が国に対する外部からの武力攻撃、内乱等による社会秩序の混乱、地震等による大規模な自然災害その他の法律で定める緊急事態において、特に必要があると認めるときは、法律の定めるところにより、閣議にかけて、緊急事態の宣言を発することができる。

そして、緊急事態が宣言されると、どういうことになるのでしょうか？

自民党草案　第九章　緊急事態

第九十九条（緊急事態の宣言の効果）緊急事態の宣言が発せられたときは、法律の定めるところにより、内閣は法律と同一の効力を有する政令を制定することができるほか、内閣総理大臣は財政上必要な支出その他の処分を行い、地方自治体の長に対して必要な指示をすることができる。

2　前項の政令の制定及び処分については、法律の定めるところにより、事後に国会の承認を得なければならない。

3　緊急事態の宣言が発せられた場合には、何人も、法律の定めるところにより、当該宣言に係る事態において国民の生命、身体及び財産を守るために行われる措置に関して発せられる国その他公の機関の指示に従わなければならない。この場合においても、第十四条、第十八条、第十九条、第二十一条その他の基本的人権に関する規定は、最大限に尊重されなければならない。

4　緊急事態の宣言が発せられた場合においては、法律の定めるところにより、その宣言が効力を有する期間、衆議院は解散されないものとし、両議院の議員の任期及びその選挙期日の特例を設けることができる。

つまり、「緊急事態宣言」が出されると、

①内閣が国会の審議を経ないで、緊急事態の宣言ができる。
②内閣は法律と同じ効力を持つ政令を、国会審議を経ないでつくることができる。
③内閣総理大臣は財政の処分や地方自治体への命令ができる。
④すべての人は、国その他公の機関の指示に従わなければならない。
⑤基本的人権は最大限、尊重すればよい。

⑥宣言が出されている間は、衆議院は解散されず、両議院の任期も特例が設けられる。

というように、国会の審議を必要としない、内閣と内閣総理大臣の決定権が大幅に拡大しています。

自民党は「緊急事態」条項を新設する理由を、「国民の生命、身体、財産の保護は、平常時のみならず、緊急時においても国家の最も重要な役割です。今回の草案では、東日本大震災における政府の対応の反省も踏まえて、緊急事態に対処するためのしくみを、憲法上明確に規定しました」（自民党発行『日本国憲法改正草案Q＆A』増補版より）と説明しています。

実際、この出前講座の中でも参加者から「緊急事態の規定がなければ、外国からの攻撃を受けたり、大災害や大きなテロが起こっても、政府は国会を召集してしか対応ができない。それでは国民は守れないと思う」という意見がありました。自民党の説明に納得する人は多いのだろうと思います。

●法律はすでにあるのに！

しかし、実は、日本にはすでに、外国の武力攻撃に備えた法律を持っているのです。ご存じでしたか？

二〇〇三（平成一五）年に「武力攻撃事態等における我が国の平和と独立並びに国及び国民の安全の確保に関する法律」が制定され、その法律には、武力攻撃事態等への対処のための手続きなどが、細かく決められています。誰が対策本部長になるのか、どのような組織になるのか、自衛隊に命令を発するルート、国・地方公共団体・指定公共機関の責務、役割分担まで明記した法律があるにもかかわらず、憲法に新たに書かなければならない意図は、いったい何なのでしょうか？

すでにあるこの法律と、自民党草案の「緊急事態」条項の明確に違うところは、国会の審議を経ないで「緊急事態」が宣言でき、その理由を事後に国会に報告すればよいことになっている点です。

それでは、大災害に対してはどうでしょう？

一九六二（昭和三七）年に制定された「激甚災害に対処するための特別の財政援助等に関する法律」をはじめ、阪神大震災や各地で起こった大きな災害のたびに、災害の内容によって必要な法律や政令がつくられています。

二〇一一（平成二三）年三月一三日には「東日本大震災についての激甚災害及びこれに対して適用すべき措置の指定に関する政令」が発せられ、五月一三日には「東日本大震災に対処するための特別の財政援助及び助成に関する法律」が制定されています。

現在の憲法に「緊急事態」の明記がないからといって、大震災に対応できなかったとは言えないと思います。それどころか、こんなに早く何をしなければならないかを把握し、法律をつくり、国会審議をするその手続き（立憲主義による政策決定）がなされていることに、改めて官僚の人たちの有能な働きを見る思いです。緊急事態に対しても、きちんと法律制定の手続きを取るという、よいしくみができていると思います。

●緊急事態宣言で三権が内閣に集中する

このしくみ、つまり三権分立によって、政権の暴走も食い止められることになっているわけです。

ところが、もし自民党草案にある「緊急事態」宣言が発令されたら、先ほど見たように、内閣と内閣総理大臣の意図次第で、私有財産の処分、地方自治体への協力要請、自衛隊の武力行使すら発動できるようになります。つまり内閣が立法権も、司法権も全部まとめて握ることができるのです。

そして、どのような時を「緊急事態」というのか、もう一度確認してみましょう。

①我が国に対する外部からの武力攻撃
②内乱等による社会秩序の混乱
③地震等による大規模な自然災害
④その他の法律で定める緊急事態

①と③は客観的な判断基準があると思いますが、②はどういう場合が該当するのかは内閣総理大臣の判断次第です。④に至っては、どのような事態について定められることになるのか、まったくわかりません。

憲法にこのような「緊急事態」条項がつくられたら、民主主義から大きく逸脱することになるのではないでしょうか？

民主主義は時間（手間）がかかると批判する人がいますが、意見を出し合うことで、一部の人の意図で法律をつくってしまうことなく、より効果的で、合理的、公正性を確保した政策を決めていけるしくみだと思います。このしくみを崩してはいけないと思います。

皆さんはどうお考えになりますか？

11　もしも「憲法改正」が発議されたら？

●自民党は改正のハードルを下げようとしている

ここまで、自民党の憲法改正草案の中で、特に気になるところをかいつまんで見てきましたが、もちろん、憲法は変えてはいけないものではありません。最終的には国民の意思によって、「変える」「変えない」を決定することができます。

憲法改正の方法については、日本国憲法第九六条に次のように書かれています。

日本国憲法　第九章　改正

第九十六条　この憲法の改正は、各議院の総議員の三分の二以上の賛成で、国会が、これを発議し、国民に提案してその承認を経なければならない。この承認には、特別の国民投票又は国会の定める選挙の際行はれる投票において、その過半数の賛成を必要とする。

つまり憲法を改正するためには、次の二段階のハードルを越える必要がある、ということです。
①衆参両議院で、それぞれ三分の二以上の議員が賛成する。
②国民投票をおこない、過半数が賛成する。

記憶に新しいことですが、自民党は以前にこの九六条だけを先に改正しようとしました。①の「三分の二以上」を「半数以上」に変更して、ハードルを下げようとしたのです。自民党草案を読んでみます。

自民党草案 第十章 改正
第百条 この憲法の改正は、衆議院又は参議院の議員の発議により、両議院のそれぞれの総議員の過半数の賛成で国会が議決し、国民に提案してその承認を得なければならない。この承認には、法律の定めるところにより行われる国民の投票において有効投票の過半数の賛成を必要とする。

二〇一二年一二月の衆議院選挙で自民党が圧勝したあと、安倍政権は九六条の先行改正を二〇一三年夏の参院選の公約に掲げました。憲法改正をしやすくしたうえで、ほかの条項改正に手を付けていこうと考えたのです。自民党が一番変えたい九条の変更には、まだ国民の理解が得られにくいだろうといった思惑もあったようです。

この九六条の先行改正については、世論調査で反対が多かっただけでなく、改憲賛成の憲法学者からも異議が唱えられ、ついには自民党内からも「国民の理解を得られない」として、結局この時の公約からははずされました。

●なぜ、過半数ではいけないのか？

「三分の二」か「半数」か、という議論については、「民主主義では多数決で物事を決めるのだから、半数以上の賛成でいいじゃないか」という意見もあるでしょうか。

憲法改正の発議は、国のあり方を変えることになるかもしれない、大変重要な提案です。これを過半数の賛成によって可能にしてはいけない理由は、はっきりしています。

時の政権は、少なくとも衆議院で半数以上を取った政党ですから、その数を頼んで発議することが可能になってしまっては、その時々の政権の思うままに憲法改正の発議が通ることになります。憲法を守るべき国会議員が、憲法をなし崩しに変えていく道をひらいてしまうのです。そうならないために、衆参両院それぞれで三分の二以上と定めて、野党であっても納得して賛成できるような改憲案だけが、国民投票にかけられるようにしているのです。

●私たちの意志で憲法を選び取りましょう！

日本は立憲主義の国です。つまり、憲法による法の支配で国家権力を縛り、国民の「個人の自由と人権」を守っている国です。そういう国であり続けることをやめたい人たちが、自民党政権の中心にいるらしいことを、いみじくも自民党による「日本国憲法改正草案」が明らかにしてくれました。

これまでお話ししてきた総まとめとして、最後に皆さんと確認しておきたいことがあります。

この先、どんな憲法改正案が持ち出されても、それが国会決議で賛成多数になったとしても、憲法改正を実施するためには「国民投票で承認される」必要があるということです。

私たちは、憲法の志をさらに強く心に刻み、国民投票になった時には、その改正案は私たちが望む改正であるのかどうか、しっかりと理解し、望まない改正には断固として「ノー」と言う権利があることを、確認し合いたいと思います！

憲法改正には「国民投票で承認を受ける」というしくみがあるということ、それこそ日本国憲法が「国民主権」を堅持している現れなのです。

私たちは決して、無力ではありません。

苦しく、辛い時代を生き、死んでいった私たちの祖父母、つながり合ういのちが私たちに託してくれた願いを忘れないようにして、世界の人びとが平和を望む人びとであることを信じ、信頼と協力による国際関係のつくり方を約束した日本国憲法を、私たちの意志で選び取りたいと思います。

⑫ 私たちの望む未来を創りましょう！

長い間、自民党憲法改正草案について、話を聞いてくださり、ありがとうございました。

自民党はなぜ憲法を変えたいのか、日本をどういう国にしたいのかを、自民党改正草案の条文を日本国憲法と比較することで、読み取っていただけたと思います。この先、日本国憲法がどうなるのか、私たちは自分の目と心でしっかり見ていかなくてはならないと思います。

二〇一五年、自民党安倍内閣が国会に提出した安全保障関連法（安保法）が、数の力で可決されました。自国防衛のための「積極的平和主義」に基づいていると説明されていますが、同盟国のおこなう戦争に後方支援をするという名目で、自衛隊を戦地に派兵することを、本当に国民の多くが望んでいるのでしょうか？

民主主義の代理人制度では、国民の意志が見えにくくなってしまうもどかしさを、特に三一一以来、私たちはいく度も、いく度も感じてきています。ある人たちは怒り、ある人たちはあきらめ、ある人たちはそれでも粘り強く政治を語るようになりました。

今、世界は矛盾を抱え、混沌とし、解決の道を探しあぐねています。国と国、民族と民族、宗教のちがいなど長い間の対立から、テロや報復の「殺し合いの世界」が露呈し、子どもたちがそれを見ています。「世界の警察」を自認するアメリカも、いまやそれを誇示できない経済状況になりました。強い国も困っていることがわかります。

今こそ、平和憲法を持ち、七〇年間武力によらない外交を続けてきた日本が、信頼と安全を共有する国際関係のお手本を示していく時だと、私は信じます。経済による支援ではなく、人と人が互いに平和を創っていくための協働の場を、日本国民の意志として広げていくことが、日本の役割だと思います。そうした役割を国際的に示しながら、将来もずっと、子どももおとなも安心して暮らすことができる日本でありたいと、心から願います。

政治は変わらないと、決めつけるのはやめましょう。

憲法は私たちが「主権者」であると、励ましてくれています。

私たちがまずできることは、願いを共有できる人を代表に選んでいくことです。

戦後七〇年、私たちのいのちと暮らしは、日本国憲法の「基本的人権の尊重」「国民主権」「平和主義」に守られてきたと思います。どんな人も一人一人が大切にされる国、世界の平和と共存に力を尽す国でありつづけることを、日本国憲法は誓っています。そのことをきちんと理解し、将来に手渡す意志のある政治家を、私たちの代弁者として選ぶ努力を私たちはしなくてはならないと思います。

平和な日本であり続けることが、今、危うくなっています！

誰かにまかせきりにするのはやめましょう。

あきらめないで、希望と理想に向かって努力する楽しさを、私たちは子どもたちに示したいと強く思います。

私たちの意志で、戦後一〇〇年、二〇〇年…と、誰をも殺さず、殺されることのない平和な国の手本となる歴史を創っていきましょう！

【参考文献】

・芦部信喜、高橋和之（補訂）『憲法　第五版』岩波書店、二〇一一年
・小室直樹『日本人のための憲法原論』集英社、二〇〇六年
・井上ひさし『井上ひさしの 子どもにつたえる日本国憲法』講談社
・『自民党憲法改正草案』https://www.jimin.jp/policy/policy_topics/pdf/seisaku-109.pdf
・『現行憲法及び自民党改憲案比較表』
　http://www.dan.co.jp/~dankogai/blog/constitution-jimin.html
・自由民主党憲法改正推進本部『ほのぼの一家の　憲法改正って　なぁに？』二〇一五年
・自由民主党『日本国憲法改正草案Ｑ＆Ａ（増補版）』
　https://www.jimin.jp/policy/pamphlet/pdf/kenpou_qa.pdf
・自由人権協会（編）『改憲問題Ｑ＆Ａ』岩波ブックレット、二〇一四年
・伊藤真『憲法は誰のもの？──自民党改憲案の検証』岩波ブックレット、二〇一三年
・小林節、伊藤真『自民党憲法改正草案にダメ出し食らわす！』合同出版、二〇一三年

【巻末資料】自民党「憲法改正草案」（抜粋）

日本国憲法改正草案（現行憲法対照）

自由民主党 平成二十四年四月二十七日（決定）

※主な（実質的な）修文事項については、ゴシックで表記

○日本国憲法改正草案対照表

日本国憲法改正草案	現行憲法
（前文） 日本国は、長い歴史と固有の文化を持ち、国民統合の象徴である天皇を戴く国家であって、国民主権の下、立法、行政及び司法の三権分立に基づいて統治される。 我が国は、先の大戦による荒廃や幾多の大災害を乗り越えて発展し、今や国際社会において重要な地位を占めており、平和主義の下、諸外国との友好関係を増進し、世界の平和と繁栄に貢献する。 日本国民は、国と郷土を誇りと気概を持って自ら守り、基本的人権を尊重するとともに、和を尊び、家族や社会全体が互いに助け合って国家を形成する。 我々は、自由と規律を重んじ、美しい国土と自然環境を守りつつ、教育や科学技術を振興し、活力ある経済活動を通じて国を成長させる。 日本国民は、良き伝統と我々の国家を末永く子孫に継承するため、ここに、この憲法を制定する。	（前文） 日本国民は、正当に選挙された国会における代表者を通じて行動し、われらとわれらの子孫のために、諸国民との協和による成果と、わが国全土にわたつて自由のもたらす恵沢を確保し、政府の行為によつて再び戦争の惨禍が起ることのないやうにすることを決意し、ここに主権が国民に存することを宣言し、この憲法を確定する。そもそも国政は、国民の厳粛な信託によるものであつて、その権威は国民に由来し、その権力は国民の代表者がこれを行使し、その福利は国民がこれを享受する。これは人類普遍の原理であり、この憲法は、かかる原理に基くものである。われらは、これに反する一切の憲法、法令及び詔勅を排除する。 日本国民は、恒久の平和を念願し、人間相互の関係を支配する崇高な理想を深く自覚するのであつて、平和を愛する諸国民の公正と信義に信頼して、われらの安全と生存を保持しようと決意した。われらは、平和を維持し、専制と隷従、圧迫と偏狭を地上から永遠に除去しようと努めてゐる国際社会において、

第一章　天皇

（天皇）

第一条　天皇は、**日本国の元首であり、**日本国及び日本国民統合の象徴であって、その地位は、主権の存する日本国民の総意に基づく。

（皇位の継承）

第二条　皇位は、世襲のものであって、国会の議決した皇室典範の定めるところにより、これを継承する。

（国旗及び国歌）

第三条　国旗は日章旗とし、国歌は君が代とする。

2　日本国民は、国旗及び国歌を尊重しなければならない。

……………（略）……………

名誉ある地位を占めたいと思ふ。われらは、全世界の国民が、ひとしく恐怖と欠乏から免かれ、平和のうちに生存する権利を有することを確認する。

われらは、いづれの国家も、自国のことのみに専念して他国を無視してはならないのであつて、政治道徳の法則は、普遍的なものであり、この法則に従ふことは、自国の主権を維持し、他国と対等関係に立たうとする各国の責務であると信ずる。

日本国民は、国家の名誉にかけ、全力をあげてこの崇高な理想と目的を達成することを誓ふ。

第一章　天皇

第一条　天皇は、日本国の象徴であり日本国民統合の象徴であつて、この地位は、主権の存する日本国民の総意に基く。

第二条　皇位は、世襲のものであつて、国会の議決した皇室典範の定めるところにより、これを継承する。

〔新設〕

第三条　天皇の国事に関するすべての行為には、内閣の助言と承認を必要とし、内閣が、その責任を負ふ。

……………（略）……………

（天皇の国事行為等）
第六条　天皇は、国民のために、国会の指名に基づいて内閣総理大臣を任命し、内閣の指名に基づいて最高裁判所の長である裁判官を任命する。
2　天皇は、国民のために、次に掲げる国事に関する行為を行う。
一　憲法改正、法律、政令及び条約を公布すること。
二　国会を召集すること。
三　衆議院を解散すること。
四　衆議院議員の総選挙及び参議院議員の通常選挙の施行を公示すること。
五　国務大臣及び法律の定めるその他の国の公務員の任免を認証すること。
六　大赦、特赦、減刑、刑の執行の免除及び復権を認証すること。
七　栄典を授与すること。
八　全権委任状並びに大使及び公使の信任状並びに批准書及び法律の定めるその他の外交文書を認証すること。
九　外国の大使及び公使を接受すること。
十　儀式を行うこと。
3　天皇は、法律の定めるところにより、前二項の行為を委任することができる。

第六条　天皇は、国会の指名に基いて、内閣総理大臣を任命する。
②　天皇は、内閣の指名に基いて、最高裁判所の長たる裁判官を任命する。
第七条　天皇は、内閣の助言と承認により、国民のために、左の国事に関する行為を行ふ。
一　憲法改正、法律、政令及び条約を公布すること。
二　国会を召集すること。
三　衆議院を解散すること。
四　国会議員の総選挙の施行を公示すること。
五　国務大臣及び法律の定めるその他の官吏の任免並びに全権委任状及び大使及び公使の信任状を認証すること。
六　大赦、特赦、減刑、刑の執行の免除及び復権を認証すること。
七　栄典を授与すること。
八　批准書及び法律の定めるその他の外交文書を認証すること。
九　外国の大使及び公使を接受すること。
十　儀式を行ふこと。
第四条（略）
②天皇は、法律の定めるところにより、その国事に関する行為を委任することができる。

4　天皇の国事に関する全ての行為には、内閣の進言を必要とし、内閣がその責任を負う。ただし、衆議院の解散については、内閣総理大臣の進言による。	第三条　天皇の国事に関するすべての行為には、内閣の助言と承認を必要とし、内閣が、その責任を負ふ。
5　第一項及び第二項に掲げるもののほか、天皇は、国又は地方自治体その他の公共団体が主催する式典への出席その他の公的な行為を行う。	〔新設〕
…………（略）…………	…………（略）…………
第二章　安全保障	第二章　戦争の放棄
（平和主義） 第九条　日本国民は、正義と秩序を基調とする国際平和を誠実に希求し、国権の発動としての戦争を放棄し、武力による威嚇及び武力の行使は、国際紛争を解決する手段としては用いない。	第九条　日本国民は、正義と秩序を基調とする国際平和を誠実に希求し、国権の発動たる戦争と、武力による威嚇又は武力の行使は、国際紛争を解決する手段としては、永久にこれを放棄する。
2　前項の規定は、自衛権の発動を妨げるものではない。	②　前項の目的を達するため、陸海空軍その他の戦力は、これを保持しない。国の交戦権は、これを認めない。
（国防軍） 第九条の二　我が国の平和と独立並びに国及び国民の安全を確保するため、内閣総理大臣を最高指揮官とする国防軍を保持する。 2　国防軍は、前項の規定による任務を遂行する際は、法律の定めるところにより、国会の承認その他の統制に服する。 3　国防軍は、第一項に規定する任務を遂行するための活動のほか、法律の定めるところにより、国際社会の平和と安全を確保するために国際的に協調して行われる活動及び公の秩序を維持し、又は国民の生命若しくは自由を守るための活動を	〔新設〕

行うことができる。

4 前二項に定めるもののほか、国防軍の組織、統制及び機密の保持に関する事項は、法律で定める。

5 国防軍に属する軍人その他の公務員がその職務の実施に伴う罪又は国防軍の機密に関する罪を犯した場合の裁判を行うため、法律の定めるところにより、国防軍に審判所を置く。この場合においては、被告人が裁判所へ上訴する権利は、保障されなければならない。

（領土等の保全等）

第九条の三　国は、主権と独立を守るため、国民と協力して、領土、領海及び領空を保全し、その資源を確保しなければならない。

第三章　国民の権利及び義務

（日本国民）

第十条　日本国民の要件は、法律で定める。

（基本的人権の享有）

第十一条　国民は、全ての基本的人権を享有する。この憲法が国民に保障する基本的人権は、侵すことのできない永久の権利である。

（国民の責務）

第十二条　この憲法が国民に保障する自由及び権利は、国民の不断の努力により、保持されなければならない。国民は、これ

〔新設〕

第三章　国民の権利及び義務

第十条　日本国民たる要件は、法律でこれを定める。

第十一条　国民は、すべての基本的人権の享有を妨げられない。この憲法が国民に保障する基本的人権は、侵すことのできない永久の権利として、現在及び将来の国民に与へられる。

第十二条　この憲法が国民に保障する自由及び権利は、国民の不断の努力によつて、これを保持しなければならない。又、

自民党草案

を濫用してはならず、**自由及び権利には責任及び義務が伴うことを自覚し**、常に**公益及び公の秩序に反してはならない。**

……………（略）……………

（**人として**の尊重等）

第十三条　全て国民は、人として尊重される。生命、自由及び幸福追求に対する国民の権利については、**公益及び公の秩序**に反しない限り、立法その他の国政の上で、最大限に尊重されなければならない。

……………（略）……………

（表現の自由）

第二十一条　集会、結社及び言論、出版その他一切の表現の自由は、保障する。

2　前項の規定にかかわらず、公益及び公の秩序を害することを目的とした活動を行い、並びにそれを目的として結社をすることは、認められない。

3　検閲は、してはならない。通信の秘密は、侵してはならない。

……………（略）……………

（家族、婚姻等に関する基本原則）

第二十四条　**家族は、社会の自然かつ基礎的な単位として、尊重される。家族は、互いに助け合わなければならない。**

2　婚姻は、両性の合意に基づいて成立し、夫婦が同等の権利を有することを基本として、相互の協力により、維持されなければならない。

現行憲法

国民は、これを濫用してはならないのであつて、常に公共の福祉のためにこれを利用する責任を負ふ。

……………（略）……………

第十三条　すべて国民は、個人として尊重される。生命、自由及び幸福追求に対する国民の権利については、公共の福祉に反しない限り、立法その他の国政の上で、最大の尊重を必要とする。

……………（略）……………

第二十一条　集会、結社及び言論、出版その他一切の表現の自由は、これを保障する。

〔新設〕

②検閲は、これをしてはならない。通信の秘密は、これを侵してはならない。

……………（略）……………

〔新設〕

第二十四条　婚姻は、両性の合意のみに基いて成立し、夫婦が同等の権利を有することを基本として、相互の協力により、維持されなければならない。

……………（略）……………	……………（略）……………
（環境保全の責務） 第二十五条の二　国は、国民と協力して、国民が良好な環境を享受することができるようにその保全に努めなければならない。	〔新設〕
……………（略）……………	……………（略）……………
（財産権） 第二十九条　財産権は、保障する。 ２　財産権の内容は、公益及び公の秩序に適合するように、法律で定める。この場合において、知的財産権については、国民の知的創造力の向上に資するように配慮しなければならない。 ３　私有財産は、正当な補償の下に、公共のために用いることができる。	第二十九条　財産権は、これを侵してはならない。 ②　財産権の内容は、公共の福祉に適合するやうに、法律でこれを定める。 ③　私有財産は、正当な補償の下に、これを公共のために用ひることができる。
……………（略）……………	……………（略）……………
（地方自治体の財政及び国の財政措置） 第九十六条　地方自治体の経費は、条例の定めるところにより課する地方税その他の自主的な財源をもって充てることを基本とする。 ２　国は、地方自治体において、前項の自主的な財源だけでは地方自治体の行うべき役務の提供ができないときは、法律の定めるところにより、必要な財政上の措置を講じなければならない。 ３　第八十三条第二項の規定は、地方自治について準用する。	〔新設〕

（地方自治特別法）
第九十七条　特定の地方自治体の組織、運営若しくは権能について他の地方自治体と異なる定めをし、又は特定の地方自治体の住民にのみ義務を課し、権利を制限する特別法は、法律の定めるところにより、その地方自治体の住民の投票において有効投票の過半数の同意を得なければ、制定することができない。

第九十五条　一の地方公共団体のみに適用される特別法は、法律の定めるところにより、その地方公共団体の住民の投票においてその過半数の同意を得なければ、国会は、これを制定することができない。

第九章　緊急事態

（緊急事態の宣言）
第九十八条　内閣総理大臣は、我が国に対する外部からの武力攻撃、内乱等による社会秩序の混乱、地震等による大規模な自然災害その他の法律で定める緊急事態において、特に必要があると認めるときは、法律の定めるところにより、閣議にかけて、緊急事態の宣言を発することができる。
2　緊急事態の宣言は、法律の定めるところにより、事前又は事後に国会の承認を得なければならない。
3　内閣総理大臣は、前項の場合において不承認の議決があったとき、国会が緊急事態の宣言を解除すべき旨を議決したとき、又は事態の推移により当該宣言を継続する必要がないと認めるときは、法律の定めるところにより、閣議にかけて、当該宣言を速やかに解除しなければならない。また、百日を超えて緊急事態の宣言を継続しようとするときは、百日を超えるごとに、事前に国会の承認を得なければならない。
4　第二項及び前項後段の国会の承認については、第六十条第

〔新設〕

二項の規定を準用する。この場合において、同項中「三十日以内」とあるのは、「五日以内」と読み替えるものとする。

（緊急事態の宣言の効果）

第九十九条　緊急事態の宣言が発せられたときは、法律の定めるところにより、内閣は法律と同一の効力を有する政令を制定することができるほか、内閣総理大臣は財政上必要な支出その他の処分を行い、地方自治体の長に対して必要な指示をすることができる。

2　前項の政令の制定及び処分については、法律の定めるところにより、事後に国会の承認を得なければならない。

3　緊急事態の宣言が発せられた場合には、何人も、法律の定めるところにより、当該宣言に係る事態において国民の生命、身体及び財産を守るために行われる措置に関して発せられる国その他公の機関の指示に従わなければならない。この場合においても、第十四条、第十八条、第十九条、第二十一条その他の基本的人権に関する規定は、最大限に尊重されなければならない。

4　緊急事態の宣言が発せられた場合においては、法律の定めるところにより、その宣言が効力を有する期間、衆議院は解散されないものとし、両議院の議員の任期及びその選挙期日の特例を設けることができる。

第十章　改正

第百条　この憲法の改正は、衆議院又は参議院の議員の発議により、両議院のそれぞれの総議員の過半数の賛成で国会が議

第九章　改正

第九十六条　この憲法の改正は、各議院の総議員の三分の二以上の賛成で、国会が、これを発議し、国民に提案してその承

決し、国民に提案してその承認を得なければならない。この承認には、法律の定めるところにより行われる国民の投票において**有効投票の**過半数の賛成を必要とする。

2　憲法改正について前項の承認を経たときは、天皇は、直ちに憲法改正を公布する。

第十一章　最高法規

〔削除〕

（憲法の最高法規性等）

第百一条　この憲法は、国の最高法規であって、その条規に反する法律、命令、詔勅及び国務に関するその他の行為の全部又は一部は、その効力を有しない。

2　日本国が締結した条約及び確立された国際法規は、これを誠実に遵守することを必要とする。

（憲法尊重擁護義務）

第百二条　**全て国民は、この憲法を尊重しなければならない。**

2　国会議員、国務大臣、裁判官その他の公務員は、この憲法を擁護する義務を負う。

（以下略）

認を経なければならない。この承認には、特別の国民投票又は国会の定める選挙の際行はれる投票において、その過半数の賛成を必要とする。

②　憲法改正について前項の承認を経たときは、天皇は、国民の名で、この憲法と一体を成すものとして、直ちにこれを公布する。

第十章　最高法規

第九十七条　この憲法が日本国民に保障する基本的人権は、人類の多年にわたる自由獲得の努力の成果であつて、これらの権利は、過去幾多の試錬に堪へ、現在及び将来の国民に対し、侵すことのできない永久の権利として信託されたものである。

第九十八条　この憲法は、国の最高法規であつて、その条規に反する法律、命令、詔勅及び国務に関するその他の行為の全部又は一部は、その効力を有しない。

②　日本国が締結した条約及び確立された国際法規は、これを誠実に遵守することを必要とする。

第九十九条　天皇又は摂政及び国務大臣、国会議員、裁判官その他の公務員は、この憲法を尊重し擁護する義務を負ふ。

（以下略）

憲法改正推進本部

平成23年12月20日現在（平成21年12月4日設置）

本部長　保利耕輔
最高顧問　麻生太郎、安倍晋三、福田康夫、森喜朗
顧　問　古賀　誠、中川秀直、野田　毅、谷川秀善、中曽根弘文、関谷勝嗣、中山太郎、船田　元、保岡興治
副会長　石破　茂、木村太郎、中谷　元、平沢勝栄、古屋圭司、小坂憲次、中川雅治、溝手顕正
事務局長　中谷　元
事務局次長　井上信治、近藤三津枝、礒崎陽輔、岡田直樹

（役員の並びは、五十音順）

憲法改正推進本部　起草委員会

平成23年12月22日

委員長　中谷元
顧　問　保利耕輔、小坂憲次
幹　事　川口順子、中川雅治、西田昌司
委　員　井上信治、石破　茂、木村太郎、近藤三津枝〈兼務〉、柴山昌彦、田村憲久、棚橋泰文、中川秀直、野田　毅、平沢勝栄、古屋圭司、有村治子、礒崎陽輔〈兼務〉、衛藤晟一、大家敏志、片山さつき、佐藤正久、中曽根弘文、藤川政人、古川俊治、丸山和也、山谷えり子、若林健太
事務局長　礒崎陽輔
事務局次長　近藤三津枝

あとがきにかえて

このブックレットは、二〇一二年七月から、各地で開催していただいた『憲法出前講座』の内容をまとめたものですが、平和憲法を守るために何かしたいと、ブックレット発行を手助けしてくださった安田洋子さんと、所源亮さん、そして、ランダムに進行した原稿を冊子として編集をしてくださった植松明子さんのご尽力に、心から感謝申し上げます。そして、イラスト担当の西田奈加子さんの挿絵で一緒に憲法を伝えることができたことを何より嬉しく思います。

最後に、私の歩む道をいつも一緒に笑い、悩み、考え、支えてくれている「プラムフィールド」の仲間たち、ありがとう！

二〇一六年一月二五日

馬場利子

〈著者〉

馬場利子（ばば としこ）

「健やかな命を未来へ～」を合言葉に、一人一人が幸せを実感できる暮らしを実現するため、仲間と共に、小さな時間を持ち寄り、『丁寧に生きる』活動を続けている。

生産者と共に命の糧を分かち合う“おーぷん・みるめ”代表、
健やかな命と暮らしを実現するスペース“プラムフィールド”代表。

1988年、『浜松放射能汚染測定室』を開設。

2011年、『静岡放射能汚染測定室』として測定再開。

環境省環境カウンセラー、環境再生医。

著書『未来のページは「私」が創る』（地湧社）など。

慶應義塾大学法学部卒業。

〈装画・イラスト〉
西田奈加子（にしだ なかこ）
豊橋いのちと未来を守る会（http://inomira.jugem.jp/）。

＊装画・イラストは、N2サービス（©豊橋いのちと未来をまもる会）作品より特例許可のもと、カット使用させていただきました。

誰のための憲法改「正」？

――自民党草案を読み込むワクワク出前講座

2016年2月1日　初版発行
2017年6月20日　3刷発行

著　者　馬場利子　
発行者　増田圭一郎
発行所　株式会社 地《ち》湧《ゆう》社
〒101-0044　東京都千代田区鍛冶町2-5-9
電話 03-3258-1251　FAX 03-3258-7564
編集協力　植松明子
表紙デザイン　岡本健＋
製作協力　やなぎ出版株式会社
印　刷　中央精版印刷

万一乱丁または落丁の場合は、お手数ですが小社までお送りください。

送料小社負担にて、お取り替えいたします。

ISBN978-4-88503-823-5